cesión

Moviendo la mano
de Dios a través
de la intercesión

CÉSAR CASTELLANOS D.

intercesión

SEMINARIO

NIVEL 2

GUÍA DEL ALUMNO

interce

EQUIPO EDITORIAL

Dirección Ejecutiva	Eliemerson Proença
Corrección Literaria y Doctrinal	Perla Doris Mora Natasha Matteucci
Diagramación	Camila Díaz

2003©César Castellanos D.
Publicado por G12 Editores.
2020 NE 163 Street, suite 101
North Miami Beach, 33162
Teléfono (305) 940 1499

Correo Electrónico	sales@g12bookstore.com
Visítenos	www.mci12.com www.g12bookstore.com

Miami, FL. USA

ISBN 1-932285-26-1

Queda prohibida la reproducción total o parcial de la presente obra en cualquiera de sus formas, gráfica, audiovisual, electrónica, mecánica, magnetofónica o digital, sin la autorización previa y escrita de la casa editorial

Reservados todos los derechos © Copyright 2003

Impreso en Colombia   Printed in Colombia

CONTENIDO

Presentación

Moviendo la Mano de Dios a través de la   7
Intercesión

Intercesión

     Parte I   15

     Parte II   21

Conociendo al Espíritu Santo, clave para   27
una Intercesión Eficaz

Fortaleciendo el ministerio a través   35
del Evangelismo

     Evangelismo parte I   45

     Evangelismo parte II   51

     Evangelismo parte III   59

Servicio
                           63
     Parte I

                           67
     Parte II

PRESENTACION

BIENVENIDOS A LA
ESCUELA DE LIDERES

El material que en este momento se encuentra en sus manos es el resultado de la experiencia que como iglesia hemos implementado en la formación de líderes.

Aunque sabíamos desde el primer momento en que se dio inicio a la iglesia, en el año de 1983, que seríamos una de las iglesia celulares que causaría un gran impacto en nuestra ciudad, no fue sino hasta después de la década de 1990 que el Señor corrió el velo y nos reveló la visión del gobierno de los doce. Después de esta revelación, la iglesia experimentó uno de los mayores crecimientos, que llegó a romper todos los récords de iglecrecimiento.

Como pastores, nos encontramos ante el gran desafío de formar a la gente que el Señor nos estaba confiando. Para aquel entonces, el Señor me dio una palabra que vino a ser rhema dentro de nuestro ministerio: "Te daré la capacidad de formar rápidamente a la gente."

Ésta era una palabra que verdaderamente necesitábamos, porque la única manera de instruir a los nuevos creyentes que conocíamos llevaba no menos de dos años para capacitarlos en dirigir una célula. Y como lo pueden imaginar, la demanda era mucha y el proceso, demasiado largo. Pero después de esta palabra, los cielos se abrieron y vino una unción especial sobre cada uno de los que nos ayudaban dentro del ministerio. Esta motivación se extendió a toda la congregación, a cada miembro de la iglesia. Desde el menor hasta el mayor quería ser parte de este ministerio.

Aunque nuestras mentes fueron impactadas por la visión de crecimiento, no teníamos todos los elementos que actualmente la conforman. Pero, gracias al equipo de pastores y líderes que el Señor nos dio, que decidieron poner en marcha la visión, la fuimos implementando de a poco dentro de la iglesia.

Por varios años no nos quisimos ausentar de la comgregación, porque sentíamos que se le estaba dando vida a la visión. Tampoco queríamos enseñar sobre el crecimiento de la iglesia sin tener una congregación que lo respaldara. Ahora que el Señor ha permitido que seamos una de las iglesias más grandes del mundo, con un promedio de 25000 estudiantes en la Escuela de Líderes, sólo podemos darle gracias a Dios por haber extendido su misericordia a nuestra nación, y por haberla levantado como líder de ese gran despertamiento espiritual que ha podido influenciar a las naciones de la tierra. Es nuestra oración que este material bendiga su vida, su iglesia y ministerio; y que cada uno de ustedes pueda cumplir el propósito que Dios tiene para su vida.

En el amor de Cristo,

César y Claudia Castellanos

FUNDAMENTACIÓN
BÍBLICA BÁSICA

Jeremías 33:3

FUNDAMENTACIÓN
BÍBLICA
COMPLEMENTARIA

1 Samuel 1:9-18

Lucas 18:1-8

Lucas 6:12- 13

Juan 17:9-24

Hebreos 2:14-15

Hebreos 5:1-10

Marcos 2:3-12

Mateo 18:19 –20

Juan 7:1–10

Génesis 18:17-33

Ezequiel 22:30

1 Reyes 18:30–40

1 Samuel 7:8-10

2 Crónicas 20:5-12

Daniel 9:15–18

Moviendo la Mano de Dios a través de la Intercesión

1

LECCIÓN

TEXTO CLAVE

"Orando en todo tiempo
con toda oración
y súplica en el Espíritu, y
velando en ello
con toda perseverancia y
súplica por todos
los santos"

Efesios 6:18

A. DEFINICIÓN

Intercesión es la acción de presentar súplicas o peticiones a Dios, siemrpe en favor de otros.

Tanto el verbo hebreo "paga", como el griego "entygjano", quieren decir «encontrarse con una persona» y su significado deriva de «buscar su auxilio».

B. LA INTERCESIÓN DEPENDE DE:

1. Un sentido de solidaridad entre los hombres, que induce a buscar el bien de otros.

2. La convicción por parte del intercesor de que Dios puede salvar o bendecir a la persona necesitada por la cual se esta intercediendo.

C. MOVIENDO LA MANO DE DIOS A TRAVÉS DE LA INTERCESIÓN

"Clama a mí, y yo te responderé, y te enseñaré cosas grandes y ocultas que tú no conoces." Jeremías 33:3

A través de las épocas, el ser humano ha tenido que pasar por toda clase de dificultades. Fue en medio de las adversidades que descubrió el secreto de la intercesión y de cómo, a través de ella, podía mover la mano de Dios.

Según 1 Samuel 1:9-18, Ana, la madre del profeta Samuel intercedió hasta obtener la sustancia, que fue su mismo hijo.
La viuda atribulada fue perseverante e hizo que el juez injusto estuviera de su lado. Si esto sucedió con un hombre injusto ¿cuánto más hará nuestro Dios que es misericordioso? (Lucas 18:1-8).

D. EL POR QUÉ
DE LA INTERCESIÓN

Todo lo que sucedió en la antigüedad es un ejemplo para nuestros días y nos ayuda a apropiarnos de esas experiencias e ir avanzando en la conquista.

Debemos interceder por:

- La conformación del equipo de doce. (Lucas 6:12, 13).
- Las necesidades de los doce. (Juan 17:9).
- La protección del mal. (Juan 17:15).
- Nuestra santificación. (Juan 17:17).
- La unidad. (Juan 17:21).
- Que los doce puedan estar al mismo nivel ministerial que el líder. (Juan 17:24).

Jesús dio ejemplo de lo que debe ser un intercesor; al participar de nuestra misma naturaleza, para destruir por medio de su muerte al que tenía el imperio de la muerte, esto es al diablo, y liberarnos a todos. (Hebreos 2:14-15).

E. CARACTERÍSTICAS DE
UN INTECESOR

Según Hebreos 4:15, un intercesor es:

- Un ministro sacerdotal.
- Compasivo y misericordioso.
- Probado (tentado en todo).
- Santo.

Según Hebreos 5, el intercesor:

Vs. 1   Está a favor de los hombres, con ofrendas y sacrificios.
Vs. 2   Es paciente con los ignorantes y extraviados. Debe apoyarse en Dios porque está rodeado de debilidad.

Vs. 3	Intercede por él mismo y por el pueblo.
Vs. 4	Se siente honrado de serlo.
Vs. 5	Es para los hijos de Dios.
Vs. 6	Es un sacerdote permanentemente.
Vs. 7	Ofrece ruegos y súplicas; clamor y lágrimas. Es oído, porque ora con respeto.
Vs. 8	Es obediente a Dios.
Vs. 9	Sabe que la intercesión es el camino a la perfección; tiene la responsabilidad de ser el artífice de la salvación de aquellos que obedecen a la Palabra de Dios.
Vs. 10	Si es fiel, Dios le honrará poniéndolo en un ministerio apostólico.

ORACIÓN PARA QUITAR LA PARÁLISIS
(Marcos 2:3-12)

Para evitar la parálisis, lo primero es ponerse de acuerdo. Los cuatro amigos del paralítico sintieron compasión por él y decidieron abrir el techo, esto representa para nosotros, abrir los cielos con nuestras oraciones, llevando la necesidad de otros a Jesús para que tenga misericordia (Mateo 18:19-20).

La parálisis puede representar una vida o un ministerio que no puede valerse por sí mismo. Es aquí donde entra la fe, el esfuerzo y la perseverancia del intercesor orando y velando hasta obtener la respuesta.

ORACIÓN POR LOS QUE APOYAN EL MINISTERIO
(Lucas 7:1-10)

Aunque el centurión no era judío, se había ganado el aprecio de los ancianos de Israel a causa de su generosidad, puesto que les había construido una sinagoga. Los ancianos tomaron esta actitud dadivosa como un argumento a favor de él. Es deber del liderazgo presentarse ante Dios en favor de aquellos que soportan el peso financiero del ministerio del cual usted es parte.

INTERCEDIENDO PARA QUE LOS JUICIOS NO ALCANCEN A LOS JUSTOS
(Génesis 18:17-33)

Abraham intercedió para que la vida de diez justos fueran protegidas; pero la realidad era que ni eso había en Sodoma y Gomorra. Se calcula que el promedio de la población en estas dos ciudades era de diez mil personas. El Señor pedía al menos un justo por cada mil habitantes, pero no los había. Si nos despertamos a la intercesión y perseveramos en ello, podemos evitar muchos juicios sobre nuestras ciudades y naciones; pues Dios está buscando personas que se paren en la brecha y tengan la fe suficiente para detener los juicios (Ezequiel 22:30).

RECONCILIA AL PUEBLO CON DIOS
(1 Reyes 18:30-40)

Elías era un personaje único. Osado en todo lo que hacía no le tembló la voz para decirle al rey de Israel que volvería a llover sobre esta nación hasta cuando él lo dijera; y así sucedió. Aunque era un hombre con las mismas pasiones que cualquier otro ser humano, lo que marcó la diferencia fue la clase de fe que tenía.

Dios permitió una sequía de tres años y medio para que el pueblo, endurecido y apartado de Dios, atendiera a cada una de las palabras del profeta; pues el pueblo ya no estaba dispuesto a continuar con lo mismo, Elías era una inspiración para ellos; él:

V 30	Tenía poder de convocatoria. Hizo que el pueblo se acercara y restaurara el altar de Dios que estaba arruinado.
V 31	Estableció el gobierno de doce. Las doce piedras significan doce líderes firmes en la obra de Dios, sobre los cuales descansaba el peso del ministerio.
V 33	Estableció la cruz. La leña representa la cruz de Cristo.

V 34	Estableció las cuatro medidas básicas para el éxito de su misión. Es lo que nosotros conocemos como los cuatro pasos de la escalera del éxito: ganar, consolidar, discipular y enviar.
V 36,37	Oró pidiendo que Dios lo respaldare en todo lo que estaba haciendo.
V 38	Dio inicio al avivamiento. El fuego cayó, y donde el fuego de Dios cae, consume todo lo que está a su alrededor.
V 39	Llevó a todo el pueblo a confesar que Jehová era Dios.

ORACIÓN POR PROTECCIÓN DE CAER EN MANOS DEL ENEMIGO
(1 Samuel 7:8-10)

Dios aceptó la oración de su siervo, y tronó en los cielos el mismo día. Atemorizó a sus enemigos y fueron todos vencidos.

EL MILAGRO DE LA INTERCESIÓN
(2 Crónicas 20:5-12)

Josafat estaba entre la espada y la pared, no tenía escapatoria; el ejército más poderoso y numeroso lo había logrado rodear. Él sabía que si Dios no intervenía, ninguno quedaría con vida. Dios los confortó diciéndoles: "Estad quietos y conoced que yo soy Dios." El Señor puede cambiar las circunstancias en un instante. Él busca personas que se atrevan a creerle y sean capaces de mover su mano a través de la intercesión.

ORACIÓN SUSTITUTA A FAVOR DE LA NACIÓN
(Daniel 9:15-18)

Querámoslo o no, es nuestro deber presentarnos en favor de los nuestros.

Josafat aprendió el secreto de atraer legiones de ángeles, los cuales tienen todo el poder de transformar las circunstancias positivamente (2 Crónicas 20:15-18).

TAREA

El estudiante debe hacer un listado de las áreas en las que nuestro país necesita intercesión.

APLICACIÓN

Durante esta semana aplicará a su vida todos los conceptos aprendidos acerca de la intercesión.

1 Cuestionario de Apoyo

1 ¿Qué se entiende por intercesión?

_____

_____

2. La intercesión depende de:

a. _____

b. _____

3 ¿Cómo puede mover la mano de Dios a través de la intercesión?

_____

4 ¿Para qué sirve la intercesión dentro de la iglesia?

_____

_____

5. ¿Quién debe ser un intercesor, según Hebreos 4:15?

_____

_____

6. ¿Qué es lo que debe hacer un intercesor según Hebreos 5:1-10?

_____

_____

7. ¿Qué oraciones debemos hacer?

a. _____
b. _____
c. _____
d. _____
e. _____
f. _____
g. _____

FUNDAMENTACIÓN
BÍBLICA BÁSICA

Mateo 26:41

FUNDAMENTACIÓN
BÍBLICA
COMPLEMENTARIA

Efesios 1:4

Hechos 1:14-15

Lucas 11:1

Génesis 18:18

Deuteronomio 29:29

Hechos 10:1-5

Lucas 5:4-11

Mateo 9:37-38

Génesis 12:2

Salmos 2:8

2 Corintios 10:4-5

Apocalipsis 12:11

Intercesión
Parte I

LECCIÓN

TEXTO CLAVE

"Orad sin cesar".

1 Tesalonicenses 5:17

A. ORACIONES QUE FORTALECEN EL MINISTERIO

Debemos entender que somos seres espirituales que vivimos en un cuerpo terrenal. Dios, en su divina sabiduría, creó el espíritu y luego el cuerpo. Efesios 1:4 dice que Dios nos escogió desde antes de la fundación del mundo. Nuestros cinco sentidos deben estar al servicio de nuestro espíritu, y no al contrario. De la misma manera que nuestro cuerpo necesita alimento físico, también sucede con nuestro espíritu. Sólo nos podemos nutrir y fortalecer espiritualmente en la medida que tenemos contacto con la Palabra de Dios y nos mantenemos despiertos en oración. Cualquier persona, familia o nación que se vuelva a Dios en oración, logrará que Él también se vuelva y restaure su pacto con ellos. Y será a ellos por Dios y ellos le serán por pueblo de gente santa.

Hechos 1:14-15. Llevando a nuestros discípulos a Jesús a través de la oración. Vs. 14 Andrés trajo a Simón Pedro hacia Jesús. Es lo que el líder debe hacer con cada uno de los doce que está conformando, traerlos en oración a Jesús.

Lucas 11:1. El líder debe enseñarles a sus discípulos a orar. Lo mejor que podemos hacer por nuestros discípulos es guiarlos a relacionarse de una manera íntima con Dios. La oración es una vida de relación donde abrimos nuestro corazón ante Dios, y Él nos revela sus secretos (Deuteronomio 29:29).

Hechos 10:1-5. Oración con bendición integral. La oración de Cornelio fue tan eficaz que dice la Biblia que:

- Dios mandó un ángel para que le hablara.
- Hizo que uno del equipo principal fuese a predicarles.
- Tuvo el privilegio que en su casa se oficiara la primera célula.
- Dios usó su hogar para el nacimiento de la iglesia.
- El Verbo y el Espíritu de Dios se unieron para bendecir a todos los fieles que estaban en esa reunión.
- Todos entraron en el pacto del bautismo.

Lucas 5:4-11. Oración de pesca milagrosa: El término "pesca milagrosa" lo usamos cuando tenemos una actividad evangelística, donde se espera que el Señor dé una cosecha abundante de almas. Es fundamental que los diferentes ministerios que tengan el desafío de ganar, carguen el ambiente de una nube de gloria a través de la oración y el ayuno. Entendemos que es una labor espiritual, donde usamos las armas que el Señor nos entregó para asegurarnos el éxito del evento.

Mateo 9:37-38. Oración por los estudiantes de las Escuelas de Líderes. Sabemos que el éxito de cada líder se ve reflejado en las personas que logra llevar a los encuentros. Si el pos encuentro se efectúa correctamente, ellos podrán entrar en la Escuela de Líderes y ésta es la base para saber en cuántas células se puede crecer en el año.

Génesis 12:2. Oración reclamando la promesa. Desde el inicio de nuestro ministerio, Dios nos dio esta promesa, que también es para cada uno de ustedes. Él pondrá un deseo ardiente en los corazones por alcanzar su nación, o la nación donde le ha enviado. La nación que Dios quiere darnos tiene que salir de dentro de nosotros, así como de Abraham y Sara salió Isaac, de Isaac salió Jacob y de Jacob salieron los doce patriarcas. De nuestros hijos espirituales, esto es nuestros doce, vienen los nietos, es decir, los ciento cuarenta y cuatro; y de estos a su vez vienen los tataranietos, esto es, los mil setecientos veintiocho. Cada líder debe transmitir esta promesa a cada uno de sus discípulos (Salmo 2:8).

B. CÓMO CONSEGUIR VICTORIAS EN LA ORACIÓN

Lanzarnos a desarrollar la obra de Dios es una tarea donde necesitamos hacer uso de las armas espirituales que Dios ha puesto a nuestra disposición.

1. Lance la ofensiva en la oración (2 Corintios 10:4, 5) Las armas de Dios son poderosas para:

- Derribar argumentos, entendiendo que éstos son derechos legales que el enemigo tiene en sus manos, y por nuestra ignorancia los usa en nuestra contra; pero a través de la oración, el engaño del adversario queda al descubierto, y la batalla es ganada en un 99%.
El 1% restante se trata de utilizar nuestra fe para echarlo fuera.

- Derribar toda altivez. A través de la oración podemos quebrantar el espíritu de error que trata de menospreciar el señorío de Jesús.

- Atar todo pensamiento. Una de las estrategias del enemigo es poner en la mente de las personas pensamientos sutiles, para quitar la fuerza de conquista en las vidas de aquellos que sirven a Dios.

2. Utilice las armas con las que según Apocalipsis 12:11 ellos vencieron al adversario.

- El poder de la sangre del Cordero. La sangre de Jesús no solo nos limpia de pecado, sino que también es un arma de ataque contra las fuerzas del mal.

- La palabra de testimonio. Debe existir una fuerte conexión entre lo que confesamos y lo que hacemos. Nuestros actos hablan mucho más que nuestras palabras.

- Menospreciaron sus vidas. Jesús dijo que el que no aborreciere su propia vida, no podrá ser su discípulo.

CONCLUSIÓN

Usted ya tiene una llave maestra en sus manos, que le abrirá toda clase de puertas. Úsela de una manera eficaz, especialmente en el desarrollo de su ministerio.

TAREA

Los estudiantes deben establecer en su propia vida las oraciones que jamás se pierden, poniendo en práctica los consejos acerca de cómo conseguir victorias en oración. Deben anotar durante una semana los resultados que obtuvieron, para que el profesor los revise.

APLICACIÓN

Durante esta semana dedique 30 minutos diarios para orar específicamente por su ministerio, por la iglesia, por su familia y por las necesidades más apremiantes. Escriba las respuestas que recibió de Dios durante ese tiempo de oración.

2 Cuestionario de Apoyo

1. ¿Qué es la oración y para qué sirve?

_____

_____

2. ¿Cómo podemos lograr que nuestro nivel de oración mejore?

_____

_____

3. ¿Cómo debe orar para que su ministerio se fortalezca?

_____

_____

4. ¿Cuáles son las oraciones que jamás se pierden?

_____

_____

5. ¿Cómo puede conseguir victorias en la oración?

_____

_____

6. ¿Cuáles son las armas que puede utilizar para vencer al enemigo?

_____

_____

7. Según Apocalipsis 12:11 ¿Cómo fue vencido el enemigo?

_____

_____

FUNDAMENTACIÓN
BÍBLICA BÁSICA

Joel 1:14

FUNDAMENTACIÓN
BÍBLICA
COMPLEMENTARIA

Mateo 18:4

1 Pedro 5:6

Salmos 35:13

Esdras 8:21-23

2 Crónicas 20:2-4

Ester 4:15-17

Ester 5:3

Efesios 3:20

Hechos 1:8

Gálatas 5:16-17

Romanos 8:7

1 Corintios 9:22-24

Joel 2:12-17

Salmos 33:6

Hebreos 4:12

Isaías 55:11

Colosenses 3:16

Oseas 4:6

Juan 5:39

Salmos 119

Intercesión
Parte II

LECCIÓN

TEXTO CLAVE

"Porque la palabra de
Dios es viva
y eficaz, y más
cortante que toda
espada de dos filos; y
penetra hasta partir el
alma y el espíritu, las
conyunturas y los
tuétanos, y discierne
los pensamientos y
las intenciones del
corazón".

Hebreos 4:12

A. EL AYUNO

1. El ayuno fue establecido por Dios para su pueblo; el cual se abstendría de alimento con el propósito de obtener beneficios espirituales.

- Mateo 18:4. Es un acto de humillación para adquirir la inocencia de un niño.

- 1 Pedro 5:6. Es ponernos bajo la mano de Dios.

- Salmo 35:13. Es afligir el alma.

2. Mediante el ayuno se busca el favor de Dios.

- Esdras 8:21-23. Esdras pidió dirección para el pueblo, para sus hijos y para sus bienes.

3. A traves del ayuno buscamos el socorro divino.

- 2 Crónicas 20:2-4. Josafat hizo proclamar ayuno por todo Judá cuando se unieron tres naciones para pelear contra ellos. En respuesta a ese clamor, vino una profecía: "No habrá para que peleéis vosotros en este caso; paraos, estad quietos, y ved la salvación de Jehová con vosotros." (2 Crónicas 20:17). Y luego, una confusión tal cayo en medio de aquellas naciones, que se destruyeron entre ellos sin que ninguno pudiera escapar vivo. (Vs. 22-24)

4. El ayuno preserva de la destrucción.

- Ester 4:15-17. Como consecuencia del decreto de destrucción firmado por Amán contra los judíos, Ester y su pueblo proclamaron tres días de ayuno y clamaron a Dios. En respuesta a su petición, ella se presentó ante el rey y halló gracia delante de él prometiendo éste darle todo lo que ella pidiera (Ester 5:3). Por causa de esto, la tristeza se cambió en gozo y la destrucción, en salvación.

5. El ayuno permite que el Espíritu de Dios se fortalezca en nosotros.

Jesús dijo que recibiríamos poder (Hechos 1:8).
Pablo dijo: "...Según el poder que actúa en nosotros" (Efesios 3:20). Somos conscientes de que tenemos una naturaleza carnal que trata de bloquear los sentidos espirituales, pero ésta debe ser doblegada a través del ayuno. (Gálatas 5:16) "Digo pues andad en el Espíritu y no satisfagáis los deseos de la carne." "Los designios de la carne son enemistad contra Dios." (Romanos 8:7). "El que lucha de todo se abstiene." (1 Corintios 9:28).

6. El ayuno es canal de avivamiento.

Para que venga el avivamiento, primero debe haber un genuino arrepentimiento. (Joel 2:12-17), vendrá bendición sobre toda la nación. (Vs 28-32).

B. ESTUDIO DE LAS ESCRITURAS

Tanto el ayuno como el estudio de la Palabra de Dios, usados en la intercesión, se constituyen en armas poderosas contra el enemigo. Es importante tener en cuenta que Jesús venció al adversario con la confesión de la Palabra; por tal motivo, debemos saturar nuestras mentes y corazones del conocimiento de las mismas.

EL PODER DE LAS ESCRITURAS

«Por la palabra de Jehová fueron hechos los cielos, y todo el ejército de ellos por el aliento de su boca» (Salmos 33:6). La palabra "aliento", en el original se refiere al espíritu de Dios. Ambos crearon el universo...

Vemos en Hebreos 4:12 que la escritura es:

- Viva. Es activa, no es monótona, y tiene la capacidad de dar vida. (Juan 6:63).
- Eficaz. Del griego griego "energues", que significa "operante" o "dinámica" es decir, que va cargada de

todo poder divino, y cumple el propósito para el cual Dios la ha enviado (Isaías 55:11).

- Cortante, Es tajante, más que una espada de dos filos. Esta expresión proviene del griego "Makhaira", que significa "como el bisturí del cirujano".

Algunas formas de usar la Biblia, que conllevan a hacer más efectiva la intercesión:

1. Comience sus ratos de oración regulares leyendo la Palabra de Dios.
2. Pídale a Dios que le dé una palabra rhema y aplíquela a su vida.
3. Aprópiese de las promesas que encontrará en en la Biblia.
4. Sature su mente de la Palabra para incrementar su fe.
5. Memorice los versos claves.
6. Adore a Dios usando la confesión de la Palabra.
7. Comprenda que la Palabra:

   ·Produce regocijo. (Salmos 119:116).

   ·Nos vivifica (Salmos 119:154).

   ·Nos hace alabar (Salmos 119:171).

   ·Nos hace predicar (Salmos 119:172).

8. Reclame las promesas de la Biblia cuando ora.
9. Use la Escritura para reprender a Satanás. La guerra espiritual es más efectiva cuando utilizamos más la Palabra de Dios.

CONCLUSIÓN

El ayuno, la Palabra de Dios y la intercesión son un arma efectiva y poderosa.

TAREA

De acuerdo con la tarea anterior, sus estudiantes deben adoptar una disciplina de ayuno y estudio de la Biblia; deben presentar por escrito la organización del tiempo dedicado a este propósito y los motivos por los cuales lo hará.

APLICACIÓN

Durante esta semana proponga un ayuno por una necesidad específica. Busque las citas que le ayuden a reclamar la promesa para esa necesidad y escriba la respuesta que recibió de parte de Dios.

3 Cuestionario de Apoyo

1. ¿Qué es el ayuno? _____
_____
_____

2. ¿Para qué debe ayunar? _____
_____
_____

3. ¿Para qué debe estudiar la Palabra? _____
_____
_____

4. ¿Cuál es el poder que hay en las Escrituras? _____
_____
_____

5. ¿Cómo debería usar la Biblia para que su intercesión fuese más efectiva? _____
_____
_____

6. ¿Qué cosas debe comprender cuando utilice la Palabra?
_____
_____
_____

7. Si a través de su ayuno, oración e intercesión ha obtenido resultados, diga cuáles. Si no lo ha hecho nunca, propóngase esta semana hacerlo y cuente su experiencia. _____
_____
_____
_____

Conociendo al Espíritu Santo, clave para una Intercesión eficaz

FUNDAMENTACIÓN BÍBLICA BASICA

Romanos 8:26, 27

FUNDAMENTACIÓN BÍBLICA COMPLEMENTARIA

Hechos 15:18

Juan 16:7

Génesis 1:1-3

Hebreos 11:3

1 Corintios 2:10-11

Hebreos 1:1-3

Lucas 4:18–21

Mateo 12:28

Lucas 4:36

Mateo 8:16

Hechos 10:38

Juan 15:26

Juan 16:14-15

Juan 3:2

Juan 1:13

Deuteronomio 29:29

Romanos 8:26-27

Ezequiel 36:25-27

Juan 7:37-39

2 Corintios 1:21-22

Judas 20

4

LECCIÓN

TEXTO CLAVE

"Entonces respondió y me habló diciendo: Esta es palabra de Jehová a Zorobabel, que dice: No con ejército, ni con fuerza, sino con mi Espíritu, ha dicho Jehová de los ejércitos".

Zacarías 4: 6

PROPÓSITO

Si la iglesia actual entendiera la importancia de darle al Espíritu Santo el lugar que le corresponde, con certeza, en corto tiempo. el mundo podría ser evangelizado.

Si como iglesia renunciamos a ignorar al Espíritu Santo en medio nuestro, y le dejamos actuar libremente entrariamos en la dimension de lo sobrenatural. La iglesia primitiva fue tan eficaz en su labor ministerial, que no tomaba ninguna decisión sin tener la aprobación del Espíritu Santo (Hechos 15:18).

EL ESPÍRITU SANTO Y LA INTERCESIÓN

La única manera de poder disfrutar de un ministerio intercesor es conociendo al Espíritu de Dios.

Jesús definió al Espíritu Santo como el Consolador en griego, "parakleto", es decir, es alguien que viene a nuestro lado para auxiliarnos.

Al finalizar su ministerio terrenal, el Señor Jesús no quiso dejar solos a sus discípulos y por ello los reunió y les dijo: "Pero yo os digo la verdad: Os conviene que yo me vaya; porque si no me fuese, el Consolador no vendría a vosotros; mas si me fuere, os lo enviaré" (Juan 16:7).

Tomemos en cuenta los siguientes aspectos para conocer mejor al Espíritu Santo:

1. Quiénes somos nosotros

Cada uno constituye una personalidad espiritual que vive dentro de un cuerpo de manera temporal. A través de nuestros sentidos, podemos expresarnos y tener contacto con el mundo exterior. Cuando abandonemos el cuerpo, seguiremos existiendo, pues el cuerpo se desintegra pero la personalidad de nuestro espíritu permanece. Esto es porque el espíritu viene del aliento de Dios y por lo tanto no muere. La muerte del espíritu es cuando éste se separa plenamente de Dios, entonces sufrirá tormento eterno.

2. Quién es Dios

Antes que existiese el mundo, Elohim ya era (Genesis 1:1-3). Elohim es la palabra hebrea, plural, utilizada para describir la personalidad divina. Por esta razón vemos que el Padre, el Hijo y el Espíritu Santo conforman la unidad de Dios. Siempre trabajan de mutuo acuerdo y viven en perfecta armonía. Toda la creación fue hecha en equipo. El Padre diseñó, el Espíritu concibió y el Verbo (Jesús) creó. Pero es solo a través de la fe que podemos comprender el poder de la creación (Hebreos 11:3).

3. Quién es el Espíritu Santo (Hechos 10:38).

El Espiritu Santo es la persona que Jesús envió que no nos dejaría huérfanos, sino que nos daría otro Consolador que estuviese con nosotros para siempre (Juan 15:26).
Por el hecho de haber creído en Jesús, Dios nos da el gran privilegio de participar de su misma naturaleza, permitiendo que el Espíritu Santo venga a morar dentro de nuestras vidas. Esto es lo que se conoce como unción, que equivale a experimentar la presencia divina en forma permanente dentro de nosotros.

4. El Espíritu Santo en Jesús

El Espíritu escudriña todo, es decir, conoce todo, hasta lo profundo de Dios. Por consiguiente, también a Jesús (1 Corintios 12:10-11). A través de Jesús, el Espíritu Santo se manifestó con poder:

- Hablando (Mateo 12:18).
- Echando fuera demonios (Mateo 12:28).
- Expulsando a los espíritus inmundos (Lucas 4:36).
- Sanando a los enfermos (Mateo 8:16).

Jesús podía dar buenas nuevas a los pobres, sanar a los quebrantados de corazón, pregonar libertad a los cautivos y vista a los ciegos, poner en libertad a los oprimidos y predicar del Señor por cuanto había sido ungido por el Espiritu Santo. El Espiritu Santo glorifica a Jesús (Juan 16:14)

6. El Espíritu Santo en nosotros

- Nos hace nacer de nuevo (Juan 3:1-6).
  Es sólo por medio del Espíritu Santo que llegamos a ser considerados hijos de Dios; es su obra en nuestra vida la que nos permite nacer de nuevo. Cuando aceptamos a Jesús, el

Señor engendra dentro de nosotros espíritu de vida (Juan 1:13).

· Nos guía (Juan 16:13)
La mayor protección para evitar caer en doctrinas humanas, es mantener una relación fuerte con el Espíritu Santo, Él nos revelará los secretos divinos y nos permitirá conocer las cosas futuras.

· Nos revela los secretos divinos (Deuteronomio 29:29)
Lo que está más cerca al corazón de Dios es el espíritu de Dios, por tanto él conoce los secretos que allí se encuentran. Dado que al aceptar a Jesús como Señor y Salvador, el viene a morar en nosotros, traerá consigo los secretos divinos más guardados del Padre para a ayudarnos seguir adelante.

· Aumenta nuestro deseo de orar
· Nos trae a memoria las escrituras.
· Nos hace conscientes de las metas espirituales a alcanzar.
· Nos hace conscientes de necesidades ajenas que deben ser suplidas.
· Nos pone el deseo de orar por otras personas.
· Nos llamará a interceder en momentos de crisis.
· Da profundidad, poder y fe especial a nuestra oración.
· Nos da unción para predicar (Isaías 61:1).
· Renueva nuestro espíritu (Ezequiel 36:25–27).
· Nos da la fuerza para la conquista (Zacarías 4:6).
· Nos hace sentir su presencia como ríos de agua viva (Juan 7:37–39).
· Intercede a través de nuestras vidas (Romanos 8:6–27).
· Es la garantía de que somos suyos. (2 Corintios 1:21–22).

"Vosotros, amados, edificandoos sobre vuestra santísima fe, orando en el Espíritu Santo" (Judas 20).

CONCLUSIÓN

El Espíritu Santo anhela que su vida de oración llegue a ser poderosa y eficaz.

TAREA

Leer el capitulo 6 del libro "Desarrollando un Liderazgo Sobrenatural" por el pastor Cesar Castellanos.

APLICACIÓN

El estudiante debe evaluar su relación con el Espíritu Santo y comenzar a partir de la misma buscar una comunión mas profunda con Él.

4 Cuestionario de Apoyo

1. ¿Por qué el Espíritu Santo es importante en la intercesión?

_____

_____

2. ¿Quién es el Espíritu Santo? _____

_____

_____

3. ¿Quién es Dios? _____

_____

_____

4. ¿Cómo se manifestó el Espíritu Santo en Jesús? _____

_____

_____

5. Explique por qué el Espíritu Santo es una persona _____

_____

_____

6. ¿Cómo debemos glorificar a Jesús? _____

_____

_____

7. ¿Qué hace el Espíritu Santo en nosotros?

a. _____

b. _____

c. _____

8. ¿Cómo actúa el Espíritu Santo a través de mi en la intercesión? _____

_____

_____

Mateo 28:19 -20

FUNDAMENTACIÓN
BÍBLICA
COMPLEMENTARIA

Fortaleciendo el Ministerio a través del Evangelismo

LECCIÓN

2 Timoteo 1:8-12

2 Timoteo 2:2

2 Timoteo 4:1-5

Isaías 52

Hechos 1:8

Hebreos 2:14-15

Lucas 10:11

Efesios 6:10

Romanos 3:23

Romanos 6:23

Efesios 2:8

Hechos 2: 37- 38

2 Corintios 5:17

Mateo 26:41

Hechos 26:19-20

TEXTO CLAVE

"Pues si anuncio el evan-
gelio, no tengo
por qué gloriarme;
porque me es impuesta
necesidad;
y iay de mi si no anuncia-
re el evangelio!
Por lo cual, si lo hago de
buena voluntad,
recompensa tendré; pero
si de mala voluntad,
la comisión me ha sido
encomendada.

1 Corintios 9:16 -20

PROPÓSITO

La iglesia tiene que abrir sus ojos, entender el tiempo que estamos viviendo e ir a buscar a los perdidos con la misma pasión que lo hizo el apóstol Pablo, Él sentía que estaba en deuda con la sociedad. Su deuda era la de llevarles el mensaje de Jesucristo. Después que a Pablo le fueron abiertos sus ojos espirituales a la realidad divina, vio con claridad los dos caminos por los que podría optar la raza humana, el de salvación y el de perdición; y pudo percibir que la gran mayoría andaba por el camino erróneo. También comprendió que la misión que Dios le confiaba era como una misión imposible. Aun así, aceptó el reto y se esforzó más que los otros apóstoles en llevar el Evangelio hasta lo último de la tierra. Por tal motivo, los creyentes vinieron a ser conocidos como aquellos que trastornaban el mundo. En el mensaje que le envía a Timoteo, su hijo espiritual, le dice: "No te avergüences de dar testimonio de nuestro Señor quien nos salvó y llamó con llamamiento santo, no conforme a nuestras obras, sino según el propósito suyo...

del cual yo fui constituido predicador, apóstol y maestro de los gentiles... pero no me avergüenzo, porque yo sé a quién he creído, y estoy seguro que es poderoso para guardar mi depósito para aquel día" (2 Timoteo 1:8-12). Luego le dice: "Lo que has oído de mí ante muchos testigos, esto encarga a hombres fieles que sean idóneos para enseñar también a otros" (2 Timoteo 2:2). Le encargó enfáticamente que predicara la Palabra, que instara a tiempo y fuera de tiempo, que fuera sobrio en todo, soportara las aflicciones, hiciera la obra de evangelista y cumpliera su ministerio. (2 Timoteo 4:1-5).

A. QUÉ ES EL EVANGELISMO
Isaías 52

Todo este capítulo tiene que ver con la responsabilidad que Dios le ha confiado a cada creyente de hacer, de una manera diligente la obra evangelística.

El evangelismo es:

1. Un llamado a la intercesión (Vs. 1).
Despiértate. Cuando Jonás estaba huyendo porque no quería predicar, y se embarcó para ir a un lugar distante de donde Dios le había enviado, mientras dormía, se desató una tormenta tan fuerte que todos en la nave sintieron que perecían. Cada cual clamaba a su Dios suplicando un milagro, pero Jonás ni se daba por enterado; era como si no le importasen las personas que estaban a su alrededor. Los marineros le dijeron: Despierta. ¿Qué pasa contigo, dormilón? Clama a tu Dios, ¿no ves que perecemos? Jonás 1:4-14 nos cuenta la historia. Los mismos incrédulos estaban motivando a un creyente a que se despertara y clamara a Dios, porque si no había intervención divina, la destrucción los alcanzaría, y solo Jonás tenía la respuesta para transformar las circunstancias a través de la oración.

2. Ceñirse de autoridad.
"Vístete de poder", significa que tomemos la autoridad que Dios nos dio (Hechos 1:8).

- Jesús recibió poder después de vencer la muerte (Hebreos 2:14,15).

- Jesús nos envió y nos dio el mismo poder que Él conquistó (Mateo 28:18,19).

- Tenemos la autoridad de neutralizar el reino de las tinieblas a través de la fe (Lucas 10:19).

- Nosotros tenemos la responsabilidad de traer la presencia de Dios donde quiera que nos encontremos.

- Es usar la armadura de Dios (Efesios: 6:10).

3. Proyectar la clase de ministerio que se va a tener.
"Vístete tu ropa hermosa". Nosotros mismos escogemos la talla del vestido de nuestro ministerio, que puede ser:

- Talla 12: Cuando hemos logrado conformar nuestro equipo básico de trabajo (los doce), y Dios nos ha dado la victoria.

- Talla 144: Cuando ayudamos a nuestros doce a conformar su propio equipo.

- Talla 1728: Cuando hemos logrado la multiplicación en la tercera generación.

- Talla 20736: Este es el resultado de un trabajo en redes. La red está hecha de varios nudos que se entrelazan formando cuadros; estos vienen a ser las células. Si cada una de ellas cumple el trabajo de ganar conquistaremos muchas almas para el reino de Dios. Por este motivo, es importante concentrarnos en el trabajo celular. Esta es la mejor manera de echar las redes, pues las personas que se ganan en las células son mucho más fácil de consolidar. La gente que ha preparado es la que va a multiplicarse. Haga de cada uno de ellos ganadores de almas. Cuando aprendemos a delegar responsabilidades, la carga se hace mucho más liviana.

4. Es practicar auto-liberación.
"Suelta las ataduras de tu cuello, cautiva hija de Sion" (Vs. 2)
La atadura representa la opresión demoníaca, la cual es quebrantada con la liberación. Cada creyente debe identificar

en oración la clase de atadura que le oprime. Él mismo debe aprender a ministrarse liberación. Esta se da como resultado de estar en la intimidad con Dios, pues, es en la intimidad con Dios donde Él corre el velo y revela el trabajo oculto del enemigo, para que sea anulado en la cruz.

5. Dar de lo que hemos recibido.
"De balde fuisteis vendidos, por tanto sin dinero seréis rescatados." (Vs. 3) La salvación es un regalo de Dios; la gente no tuvo que pagar para perderse, tampoco lo hará para salvarse.

6. Un privilegio que nos bendice.
"Cuan hermosos son los pies del que..." (Vs. 7)

- Trae alegres nuevas: Nosotros no predicamos el mensaje de condenación, sino que llevamos esperanza a la gente. Ellos tienen que saber que la respuesta para cada una de sus necesidades está en el Evangelio, y Jesús es solución para sus problemas.

- Anuncia la paz, restauración de hogares, restauración de finanzas, restauración de salud, restauración de toda nuestra vida.

- Proclama que Dios reina.

- Trae nuevas del bien. El bien es lo bueno. El mensaje que nosotros tenemos que transmitir es que todo va a cambiar positivamente positivamente.

- Publicamos salvación. La salvación es sacar a la gente de la crisis en que se encuentra y darle voz de aliento.

Cada uno de nosotros debe orar para que Dios nos haga excelentes comunicadores del Evangelio. Hay personas que presentan las mentiras como si fueran grandes verdades; pero hay otros que presentan las verdades más sublimes como si fueran mentiras. Un buen mensaje se puede echar a perder por una mala exposición. Para proclamar el evangelio no se necesita de muchas palabras, sino de efectividad en el mensaje. Si usted quiere predicar, tenga en cuenta estos cuatro pasos:

1- Sea claro.
2- Sea conciso.
3- Sea preciso.
4- Predique con unción.

7. Es un atalaya. (Vs.8) Quien evangeliza puede ver el peligro y prevenirlo.

8. Es mantener una vida de santidad.
   "Purificaos los que lleváis los utensilios de Jehová" (Vs. 11).
   Sin importar el lugar donde se encuentre ministerialmente,
   Dios le llama a una vida de santidad.

B. EVIDENCIAS DE QUE UNA PERSONA HA SIDO GANADA PARA CRISTO.

* Convicción de Pecado (Romanos 3:23; 6:23).

   Cada persona debe comprender que está destituida de la gloria de Dios, y que el pecado lo separa de El condenándolo.

   La convicción de pecado es producida por el Espíritu Santo, siendo su resultado el arrepentimiento.

* Fe en Cristo (Efesios 2:8).

   La fe en Cristo se evidencia cuando la persona cree que sólo a través de Él se obtiene la reconciliación con Dios y la vida eterna.

* Arrepentimiento (Hechos 2:37,38).

   Arrepentirse es sentir profundo dolor por haber fallado delante de Dios y un gran deseo de cambiar la manera de pensar.

* Cambio de vida (2 Corintios 5:17)

El cambio de vida se ve a través de evidencias reales de que se ha dejado la antigua manera de vivir y se han adoptado nuevos pensamientos, hábitos, sentimientos; deseando crecer espiritualmente.

* Oración (Mateo 26:41)
Aunque al principio no sea fácil, la persona empezará a adquirir el hábito de la oración y entenderá que es el medio de comunicación con Dios.

* Obediencia (Hechos 26:19-20)
La persona debe comprender que la obediencia es fundamental para llevar una vida de santidad y crecimiento.

C. REQUISITOS QUE DIOS PIDE DE NOSOTROS PARA GANAR ALMAS

1. Santidad
2. Espiritualidad
3. Humildad
4. Fe
5. Sencillez
6. Rendición a Cristo

TAREA

Los estudiantes deben evaluar los requisitos que Dios pide para ganar almas haciendo una instrospección en sus propias vidas, y entregar este auto análisis en la próxima ciase.

APLICACIÓN

Propongales ganar por lo menos cinco personas para Cristo en esta semana.

5 Cuestionario de Apoyo

1. Defina la palabra evangelismo. _____
_____
_____

2. ¿Quiénes son los evangelistas y qué hacen? _____
_____
_____

3. ¿Por qué el evangelismo es un llamado a la intercesión?
_____
_____

4. ¿Cómo el evangelismo nos viste de autoridad?
_____
_____

5. ¿Cómo puede proyectarnos el evangelismo para tener el ministerio que deseamos?
_____
_____
_____

6. ¿Cómo podemos practicar el principio de la liberación a través del evangelismo? _____
_____
_____

7. ¿Qué bendiciones recibimos al evangelizar? _____
_____
_____

8. ¿Cuáles son los pasos que debemos tener encuentra para predicar?

a. _____
b. _____
c. _____
d. _____

9. ¿Cuáles son las evidencias de que una persona ha sido ganada para Cristo?

a. _____
b. _____
c. _____
d. _____
e. _____
f. _____
g. _____

10 ¿Cuáles son los requisitos que Dios nos pide para ganar almas?

_____

_____

_____

_____

FUNDAMENTACIÓN
BÍBLICA BÁSICA

1 Corintios 9:20-23

FUNDAMENTACIÓN
BÍBLICA
COMPLEMENTARIA

Hechos 13:1-12

Lucas 11:20

Juan 9:39

Juan 1:12

Romanos 3:23

Romanos 6:23

1 Juan 1:9

Evangelismo
Parte I

LECCIÓN

TEXTO CLAVE

"He aquí, yo estoy a la puerta
y llamo; si alguno oye mi voz y abre
la puerta, entraré a él, y cenaré
con él, y el conmigo".

Apocalipsis 3:20

A. ¿CÓMO GANAR ALMAS PARA CRISTO?

Ganar almas es un trabajo de equipo. Este trabajo incluye la intercesión de la iglesia, la disposición de los líderes, la dirección del Espíritu Santo y la manera como influenciamos sobre los nuevos.

Hechos 13:1-12

Dios es un Dios de tiempos. Él movió a la iglesia a que entrara en ayuno y oración para poder revelarles la manera en que ellos debían desarrollar la obra evangelística. Se necesitaba escoger a las personas claves que pudieran ir al frente, quebrantando las potestades de los aires y prepararando el ambiente propicio para la salvación de la gente.

Vs 2.   El Espíritu Santo es quien escoge a los que necesita para su obra.
Vs 3.   La iglesia los cubre en oración y los apoya.
Vs 4.   El Espíritu Santo los envía.
Vs 5.   Anuncian la Palabra de Dios a donde llegan.
Vs 6-11. Se enfrentan a la oposición demoníaca. Así como Israel al conquistar Canaán tuvo que doblegar la oposición de Jericó, Pablo y Bernabé tuvieron que doblegar la oposición de Barjesús. Esta es una representación de las fortalezas satánicas, por las cuales las personas virtuosas se encuentran como atrapadas entre las cuatro paredes de la muralla.

Pablo discernió estas murallas y las identificó como:

1. Engaño
2. Maldad
3. Enemigo de toda justicia
4. Oposición para la salvación de la gente

Del mismo modo que las murallas de Jericó cayeron, las palabras de autoridad del apóstol doblegaron los poderes demoníacos diciendo:

a. La mano de Dios esta contra ellos. Jesús dijo que echaba a los demonios por el dedo de Dios (Lucas 11:20).

b. Quedarán ciegos. Debemos decretar que los demonios sean cegados, para que los ojos espirituales de las personas sean abiertos (Juan 9:39).

c. No verán el sol por algún tiempo. Esto significa que los demonios quedan neutralizados por determinado tiempo; y es el tiempo justo que Dios da para que los creyentes salgan a evangelizar. El resultado es la conversión de las almas. (Vs. 12) Como en Jericó; las murallas cayeron y el pueblo fue herido con espada. Cuando las murallas caen, podemos clavar en los corazones de la gente la Palabra de verdad.

¿Qué es la salvación?

La salvación es:

* Es un don de Dios
* Es una obra de regeneración.
* Es una obra milagrosa.
* Es la obra del Espíritu Santo.

El ganador de almas debe entender cuál es su trabajo, o sea:

* La predicación debe ser excelente.
* Disciplina personal: oración, estudio de la Palabra, claridad de conceptos.
* Ser recursivo: utilizar folletos, tratados, etc. dependiendo de cada ocasión.
* La visitación.
* El discipulado.

B. LO QUE CUESTA SER
GANADOR DE ALMAS

1. Identificarse con la necesidad de Dios.
2. Estilo de vida: recta, intachable, que viva lo que predica.
3. Tiempo de oración.
4. Tiempo para discipular.

CONCLUSIÓN

Ganar almas requiere no solo del amor por ellas, sino también de una preparación espiritual. Recuerde que somos testigos y embajadores de Cristo en el mundo.

TAREA

El estudiante debe escribir un ensayo sobre lo que cuesta ser un ganador de almas, comentando sus propias experiencias y la disposición para emprender mejor esta obra.

Nota: Los viajes misioneros de Pablo, muestran con claridad la manera correcta de hacer la obra evangelística. Sugerimos que los estudiantes realicen un análisis sobre estos viajes misioneros, teniendo en cuenta;

> El clima.
> La reacción de la gente.
> La efectividad del mensaje.
> Los resultados obtenidos.

APLICACIÓN

Realice un cuadro de las actividades que debe realizar para ganar mas almas para Cristo, En él tenga en cuenta los ítems de esta lección.

6 Cuestionario de Apoyo

1. ¿Para qué debo ganar almas? _____
_____
_____

2. ¿Cómo puedo ganar almas para Cristo? _____
_____
_____

3. ¿La iglesia tiene algo que ver con ganar almas? _____
_____
_____

4. ¿Cómo enfrentar y derribar las fortalezas que las personas interponen para aceptar a Cristo? _____
_____
_____

5. ¿Qué es la salvación? _____
_____
_____

6. ¿Cuál es el trabajo del ganador de almas? _____
_____
_____

7. ¿Cuál es el precio que debe pagar por el ganar almas? _____
_____
_____

FUNDAMENTACIÓN BÍBLICA BÁSICA

2 Corintios 6:2

FUNDAMENTACIÓN BÍBLICA COMPLEMENTARIA

Hechos 13:38-41

Hechos 17:30

Hechos 18:9-10

Hechos 19:6-10

Hechos 26:16-18

Juan 3:16

Romanos 3:23

Romanos 6:23

Juan 1:12

Efesios 2:8-9

Isaías 1:18

Eclesiastés 12:1

Proverbios 27:1

Proverbios 29:1

2 Corintios 6:2

Josué 24:18

1 Corintios 10:13

1 Juan 1:9

Isaías 53:6

Juan 10:10

Apocalipsis 20:15

Evangelismo
Parte II

7
LECCIÓN

TEXTO CLAVE

"Por tanto, id, y haced discípulos a todas las naciones, bautizándolos en el nombre del Padre, y del Hijo, y del Espíritu Santo; enseñándoles que guarden todas las cosas que os he mandado; y he aquí yo estoy con vosotros todos los días, hasta el fin del mundo".

Mateo 28:19-20

DESARROLLO DEL TEMA

Hechos 13:38-41

Pablo procura persuadir a los judíos de Antioquia, para que ellos se vuelvan de corazón a Jesús y les hace ver que:

· El evangelio que él les predica es para perdón de pecados. (Vs. 38).
· En Jesús es justificado todo el que cree (Vs. 39).
· La salvación es una obra asombrosa y algo difícil de entender.
· Dios nos confió la responsabilidad de llevar luz y salvación a través de la evangelización, hasta lo último de la tierra (Vs 47).
· La palabra del señor se difundía (Vs 49).
· Trajo alegría a los discípulos y llenura del Espíritu Santo (Vs 50).

Debemos predicar el mensaje del arrepentimiento (Hechos 17:30). El arrepentimiento es como cuando Israel atravesó el Jordán para llegar a Canaán. Es dejar la vida antigua para conquistar la nueva vida en Cristo, abandonar el desierto para entrar a la tierra que fluye leche y miel.

Tenemos la protección divina. (Hechos 18:9, 10).
El Señor no quiere que nos distraigamos por las adversidades, ni demos lugar al temor, sino que hablemos, pues Él nos guardara del mal, ya que tiene mucha gente que salvar en cada ciudad.

Pablo forma su grupo de doce en Éfeso (Hechos 19:6,7).

Pablo no se retiraba hasta que todos hubiesen recibido el evangelio (Hechos 19:10).

Pablo se movía en lo sobrenatural (Hechos 19:11, 12).

Pablo siempre iba a donde Dios le mandaba (Hechos 23:11).

Pablo tenia muy en claro su ministerio (Hechos 26:16-18).

El sabia que:

- Tenía que abrir los ojos espirituales de las personas.
- Debía pasar de la oscuridad a la luz.
- Tenía que sacarlos de la potestad de Satanás y trasladarlos al señorío de Cristo.
- Todo esto sucedería cuando ellos recibieran el perdón de pecados.
- Dios los haría partícipes de la herencia que tiene para sus santos.

CÓMO EVANGELIZAR

Realmente evangelizar es algo muy sencillo, pero se precisa la guía del Espíritu Santo para obtener resultados efectivos.

Tambien es importante:

- Prepárese diariamente en oración para estar listo a evangelizar en cualquier oportunidad que se presente.
- «Rompa el hielo», es decir, establezca un primer contacto agradable con la persona, en el que demuestre interés por sus necesidades.
- Hable de Cristo; utilice su testimonio junto con conceptos bíblicos de salvación. Puede usar las cinco enseñanzas.
- Guíe a la persona a la oración de fe, es necesario que ella de este importante paso.

CÓMO ROMPER EL HIELO

Hay dos preguntas utilizadas en el evangelismo explosivo que son claves para romper el hielo:

Si en este momento fuese a morir, ¿Cuál sería el destino eterno de su alma? Algunos posiblemente responderían que el cielo. Entonces viene la segunda pregunta. Suponiendo que llega al cielo y el Padre le dice: "¿Por qué crees que mereces la vida eterna?" ¿Qué le respondería? Es posible que algunos traten de hablar de sus buenas obras, pero no somos salvos por obras sino por la gracia de Dios.

Hay tambien un gran resultado al usar las cuatro leyes espirituales:

Todo lo que existe en el universo es regido por leyes; toda la naturaleza obedece a las leyes divinas. Si se llegaran a traspasar, viviríamos en el caos. Del mismo modo, Dios estableció leyes para mantener el equilibrio del hombre a fin de que pudiese vivir la plenitud de la libertad espiritual.

- Ley # 1: Dios le ama y tiene un plan maravilloso para su vida (Juan 3:16).
- Ley # 2: El hombre es pecador y está separado de Dios, por lo cual no puede conocer ni experimentar el amor de Dios (Romanos 3:23; 6:23).
- Ley # 3: Jesucristo es la única provisión de Dios para el pecado del hombre. Solo en Él las personas pueden conocer y experimentar el amor redentor de Dios (Romanos 5:8).
- Ley # 4: Debe aceptar a Jesucristo como el Señor y Salvador de su vida de una forma personal (Juan 1:12; Efesios 2:8,9).

Algunas sugerencias

- Genere un ambiente en el cual haya cordialidad y confianza.
- Haga preguntas de diagnóstico, indagando los conocimientos que el no creyente tiene acerca de Dios, y sus posibles prácticas religiosas.
- Tenga mucho cuidado de no juzgar o avergonzar a la persona.
- Evite dar la impresión de autosuficiencia.
- Tenga cuidado con las discusiones, porque algunos pueden ganar una discusión y perder la oportunidad de que la gente sea salva.
- Sea muy natural, evitando dar la impresión de religioso místico.

B. OBJECIONES

Algunos pueden sentir que no tienen el suficiente conocimiento bíblico, otros pueden pensar que no son dignos, etc., pero cuando se ha operado un cambio en el corazón del creyente, el Señor despierta ese espíritu de amor y compromiso por su obra.

- Dios nos invita a que arreglemos las cuentas con Él (Isaías 1:18).
- Dios nos da la oportunidad de que le sirvamos (Eclesiastés 12:1).
- Dios quiere que le entreguemos todos nuestros días (Proverbios 27:1).
- Dios nos llama para que voluntariamente le sirvamos (Proverbios 29:1).
- Hoy es el día que podemos llevar salvación a otros (2 Corintios 6:2).
- Toda nuestra casa debe ser consagrada al servicio de Dios (Josué 24:15).

C. OBSTÁCULOS

* "Tengo miedo de no mantenerme firme" (1 Corintios 10:13).
* "Temo que he ido demasiado lejos. Dios no puede perdonarme" (1 Juan 1:9).
* "No soy una persona mala" (Romanos 3:23; Isaías 53:6).
* "Quiero disfrutar de la vida" (Juan 10:10).
* "¿Qué pensarán mis amigos?" (Apocalipsis 20:15).

Si la persona no ha puesto ninguna objeción al evangelio o haciéndolo, consiguió superar la misma; si le dice que no sabe cómo recibir a Cristo y usted nota su deseo de entregarse a Él, llévela a recibirle a través de la oración de fe.

CONCLUSIÓN

Es necesario involucrarse activamente en la obra del evangelismo para desarrollar esta habilidad y mejorar la forma en que lo estamos haciendo.

TAREA

Haga que sus estudiantes estudien estos puntos para realizar el proyecto.

APLICACIÓN

Realice una lista de los obstáculos que ha tenido para evangelizar y busque soluciones de acuerdo a la Palabra.

7 Cuestionario de Apoyo

1. ¿Cual es el porque de la evangelización según Hechos 13:38 al
41? _____

_____

_____

_____

2. ¿Cómo podemos evangelizar? _____

_____

_____

_____

3. ¿Cómo romper el hielo? _____

_____

_____

_____

4. Escriba por lo menos 5 sugerencias para poder romper el hielo

_____

_____

_____

5. ¿Cuáles son las objeciones que podemos tener para
evangelizar? _____

_____

_____

6. Enumere los obstáculos que las personas pueden tener para
no recibir a Cristo _____

_____

_____

7. ¿Cómo puede llevar una persona a recibir a Cristo? _____

_____

_____

FUNDAMENTACIÓN
BÍBLICA BÁSICA

Juan 4:1-42

FUNDAMENTACIÓN
BÍBLICA
COMPLEMENTARIA

Hechos 21:8

Isaías 61:1

Mateo 4:17, 23

Mateo 9:35

Mateo 26:13

Lucas 24:47

Romanos 15:20

1 Pedro 1:12

Evangelismo
Parte III

LECCIÓN

TEXTO CLAVE

"Que prediques la palabra;
que instes a
tiempo y fuera de tiempo;
redarguye, reprende,
exhorta con toda pa-
ciencia y doctrina".

2 Timoteo 4: 2

DESARROLLANDO HABILIDADES PARA EVANGELIZAR

Jesús y la Samaritana
Juan 4:1-42

En aquella época, las riñas y resentimientos que existían entre judíos y samaritanos eran muy fuertes. Los judíos veían a los samaritanos como impuros, por la mezcla que éstos habían tenido con los babilónicos; razón por la cual, ni siquiera se acercaban a darles el saludo, ni pasaban por sus ciudades. El Señor Jesucristo lo hizo porque Él vino a derribar la pared de separación, y a hacer de ambos pueblos uno solo. también vino a buscar y a salvar lo que se había perdido.

• Rompió el hielo (Vs. 7). «Dame de beber» Jesús uso una frase que se convirtió en la llave para establecer un dialogo con esta mujer. La mujer le respondió: "Lo que estas haciendo no es correcto porque entre nosotros no nos tratamos."

• Despertó su curiosidad (Vs. 10). Le habló de un regalo que Dios tenía para ella (don de Dios). Pero para conseguirlo, debería primero saciar la sed de Jesús, entonces sí, Dios saciaría la sed de ella. Respuesta de la mujer: "Eso que me dices no tiene lógica"

• Le creó la necesidad. (Vs. 14). El que tiene esa agua ha solucionado sus problemas para siempre.
Respuesta de la mujer: "Lo quiero". Jesús la llevó a un punto donde la mujer deseaba ya su salvación.

• Aprovechó la oportunidad para salvar a su familia (Vs. 16). La mujer trata de encubrir su situación, pero Jesús le da una palabra de conocimiento que definitivamente la convence.
Respuesta: Trata de desviarlo del tema

• La guió a la verdadera adoración (Vs. 24).
Jesús se le revela como Dios. "Yo soy" (Éxodo 3:14).

Como resultado de esta conversación, la mujer se siente redargüida, deja su cántaro, que representa la vida antigua
y gana toda esa ciudad para Cristo.

CONCLUSIÓN

Es necesario hablar a tiempo y fuera de tiempo, como lo hizo
Jesús, aprovechando cada oportunidad que Dios nos brinda para
compartir a las personas del amor de Cristo.

APLICACIÓN

Esta semana propóngase desarrollar las características que
posee de evangelista y gane por lo menos cinco personas.

TAREA

Busque en la Biblia por lo menos tres pasajes que muestren cómo
Jesús y sus discípulos evangelizaban.

8 Cuestionario de Apoyo

1. Tomando el texto de la mujer samaritana, Juan 4:1-12 explique cómo Jesús rompió el hielo. _____

_____

_____

2. ¿Por qué samaritanos y judíos no se podían ver? _____

_____

_____

3 Jesús creó una necesidad en la mujer samaritana.
¿Cómo lo hizo? _____

_____

_____

4. ¿Cómo aprovechó Jesús la oportunidad para llegar al corazón de ella y revelarle la verdad? _____

_____

_____

5. ¿Cómo guió Jesús a la samaritana a la verdadera adoración?

_____

_____

_____

6. ¿Qué sucedió en la vida de la mujer samaritana en su encuentro con Jesús? _____

_____

_____

7. ¿Cómo se reveló Jesús como Dios a la mujer samaritana?

_____

_____

8. ¿Qué hizo la samaritana después de su encuentro con Jesús?

_____

_____

FUNDAMENTACIÓN
BÍBLICA BÁSICA

Juan 13:1-16

FUNDAMENTACIÓN
BÍBLICA
COMPLEMENTARIA

Servicio
Parte I

LECCIÓN

Deuteronomio 6:13

Josué 24:15

Salmos 100:2

Malaquías 3:18

Mateo 4:10

Mateo 6:24

Lucas 4:39

Juan 12:26

Hechos 20:19

TEXTO CLAVE

"Porque el Hijo del Hombre no vino
para ser servido, sino para servir,
y para dar su vida en rescate por
muchos".

Marcos 10:45

El principio del servicio parte de la vida misma del Señor Jesús, quien decidió voluntariamente dejar su trono de gloria, donde todos los ángeles le servían y adoraban, para servir a su iglesia en la tierra. Si los hombres entendieran esto, darían un mejor trato a sus respectivas esposas, los padres harían lo mismo con sus hijos, los líderes con sus discípulos y los pastores con sus rebaños.

Sé que algunos de los que empiezan en el ministerio, anhelan lo sobrenatural, que quieren que el poder de Dios se manifieste a través de ellos, pero el Señor siempre mira la actitud del corazón. Él nos confía las responsabilidades más sencillas para formar nuestro carácter y medir el grado de fidelidad que tenemos. Si somos fieles en lo poco, Él nos podrá confiar lo mucho.

A. QUÉ ES EL SERVICIO

1. Es una actitud interna que tiene su fruto en lo externo (Mateo 24:45, 46).
2. Es ser útil (Lucas 17:7-10).
3. Es una característica fundamental de un discípulo de Cristo (Mateo 23:11, 12).
4. Es incondicional, no espera nada a cambio (Juan 5:17).
5. Es una determinación que tomamos sobre nosotros mismos (1 Corintios 9:27).
6. Es motivo para glorificar a Dios (2 Corintios 9:13).
7. Es un trabajo de amor (Gálatas 5:13; Efesios 2:10).

1. Dios honró a Josué, porque había servido a Moisés (Josué 1:1).

2. Elías era la autoridad sobre Eliseo. Éste por su fidelidad, recibió la doble unción (2 Reyes 2:1-3).

3. Jesús demostró su servicio ofrendando su vida por la redención de muchos (Mateo 20:28).

4. Después de que fueron ungidos los primeros servidores para este trabajo vino un gran avivamiento a la iglesia (Hechos 6: 5, 8).

5. Pablo tomó la decisión de servir para ganar el mayor número posible de gente (1 Corintios 9:19).

De los personajes anteriormente mencionados, explique en qué demostraron ser siervos, y cómo Dios los usó.

CONCLUSIÓN

El siervo no es siervo si no sirve.

TAREA

El estudiante debe escribir las áreas en las cuales puede desarrollar esta actitud de servicio, explicando cómo lo va a hacer.

APLICACIÓN

Realice cada día por los menos dos actos de servicio y escriba cuál fue su experiencia.

 # Cuestionario de Apoyo

1. Explique el significado de la palabra servicio. _____
_____
_____

2. ¿Qué implica el servicio? _____
_____
_____

3. Busque en la Biblia por lo menos tres ejemplos de servicio
_____
_____
_____

4. Busque el significado de la palabra siervo. _____
_____
_____

5. Mencione por lo menos cinco siervos de Dios, y lo que hicieron
por otros _____
_____
_____

6 ¿Cómo puede realizar actos de servicio para Dios y para los
demás? _____
_____
_____

7 ¿Cuáles fueron los actos de servicio que Jesús hizo? Explique
con cita bíblica por lo menos tres _____
_____
_____

FUNDAMENTACIÓN
BÍBLICA BÁSICA

Hechos 6: 1-10

FUNDAMENTACIÓN
BÍBLICA
COMPLEMENTARIA

Hechos 20:19

Romanos 9:12

Romanos 12:7

1 Corintios 9:13

Gálatas 5:13

Colosenses 3:24

Servicio
Parte II

10
LECCIÓN

TEXTO CLAVE

"Mas entre vosotros no
será así,
sino que el que quiera
hacerse grande
entre vosotros será
vuestro siervo".

Mateo 20:26

EL SERVICIO
Característica de los grandes ministerios

A. ESTEBAN, UN VERDADERO EJEMPLO

Hechos 6:1-10

Vs. 8. Estaba lleno de gracia y de poder. Dios lo respaldaba con prodigios entre el pueblo.

Vs. 9. Los adversarios no podían resistir su sabiduría ni el Espíritu con que hablaba.

Vs. 15. Su rostro era como el de un ángel.

Vs. 14. El secreto de su ministerio fue el servicio.
Aunque no había sido contado entre los apóstoles, pudo desarrollar la labor del servicio con la misma
pasión con que lo hacían los apóstoles.

Con base en el versículo 3 podemos ver que los requisitos de los servidores eran:

· Ser personas de buen testimonio.
· Llenos del Espíritu Santo.
· Llenos de sabiduría.

B. CARACTERÍSTICAS DEL SERVICIO Y DE LOS SIERVOS DE DIOS

a. Corazón de siervo

- Es poner nuestros talentos al servicio de Dios (Efesios 4:11-13).
- Es ser paciente ante las adversidades (Colosenses 1:24).
- Es consagrar nuestras vidas al servicio total de Dios (2 Timoteo 2:1-4).

- Es para nuestra edificación (1 Pedro 2:4).
- Es darnos sin descanso por la gente
  (1 Tesalonicenses 2:9).

b. Argumentos errados con relación al servicio

Algunas personas tienen una idea equivocada acerca del servicio, piensan que:

- Es una actitud deshonrosa.
- Debe ser ejercido por aquellos que no tienen ministerio.
- Se hace por congraciarse con los líderes.
- Tiene que ver con el uso de cierta clase de ropa.

c. El servicio da grandeza

- Es un requisito indispensable, no una opción.
- Jesús manda a los hombres a servir a sus esposas como Él lo hizo con su iglesia (Efesios 5:25).
- Jesús dijo que todo aquel que se humille como un niño sería el mayor en el reino de Dios (Mateo 18:4).

CONCLUSIÓN

Como Esteban, Dios también nos quiere usar, pero debemos romper con argumentos en nuestra mente para entender que la clave de los grandes ministerios es servir.

TAREA

Los estudiantes deben establecer principios en su vida con respecto al servicio en el área ministerial.

APLICACIÓN

Busque a su líder y pídale que durante el servicio del domingo le asigne una tarea. Luego escriba su experiencia y coméntela con dos personas.

10 Cuestionario de Apoyo

1. Explique cuál es la característica fundamental de los grandes ministerios _____

_____

_____

2. ¿Quién era Esteban? _____

_____

_____

3. ¿Cuáles eran las características de Esteban? _____

_____

_____

4. ¿Cuáles son los requisitos de un siervo? _____

_____

_____

5. ¿Cómo podemos tener un corazón de siervo? _____

_____

_____

6. ¿Cuáles son los argumentos que hay en contra del servicio?

_____

_____

_____

7. ¿Qué hace en nosotros el ser siervos? _____

_____

_____

_____

BIBLIOGRAFÍA

El Evangelismo Personal, Myer Pearlman.
Ed. Vida.

La Reproducción Espiritual, James D. Crane.
Casa Bautista de Publicaciones.

Nacido para Multiplicarse. Dawson Trotman.
Ed. La Biblia dice.

Ganadores de Hombres de Charles Spurgeon.
Ed. CLIE.

Encuentro. César Castellanos.

Desafío a Servir de Charles R. Swindoll.
Biblia Diario Vivir.

Dónde Hallarlo en La Biblia. Ken Anderson.
Ed. Caribe.

Concordancia de las sagradas escrituras.
S. B. A.

Nuevo Diccionario Ilustrado de la Biblia. Caribe.

Colección tan Firmes como la Roca
César Castellanos. Editorial Vilit.

Sueña y Ganarás el Mundo
César Castellanos. Editorial Vilit.

Liderazgo de Éxito a través de los Doce
César Castellanos. Editorial Vilit.